MICHAEL, CONOCIDO COMO EL FILÓSOFO DE LAS PLANTAS, descubre un fascinante mundo de pensamiento y comunicación en la naturaleza. Durante un paseo nocturno, habla con un pino llamado Pincus, un lirio llamado Liria y un grupo de tréboles llamados Sašas. A través de sus diálogos, Michael aprende sobre sus vidas, sus sentidos y su forma única de pensar y moverse sin desplazarse. La experiencia revela que las plantas tienen una rica vida interior y están profundamente conectadas con su entorno, desafiando la percepción humana de la naturaleza.

VALORES IMPLÍCITOS

El respeto por la naturaleza y la curiosidad intelectual son fundamentales. Se valora la capacidad de escuchar y aprender de lo que nos rodea, destacando la importancia de la paciencia y la observación atenta. La historia también subraya la interdependencia entre los seres vivos y la importancia de cada elemento en el ecosistema.

EL PLANETA IMAGINARIO

¿En qué piensan las plantas?

© del texto: Michael Marder
© de las ilustraciones: Adri Valenzuela
© del diseño y corrección: Equipo BABIDI-BÚ

© de esta edición:
Editorial BABIDI-BÚ. 2023
Avda. San Francisco Javier, 9, 6ª. 23
Edificio Sevilla 2
41018 - SEVILLA
Tlfn: 912.665.684

Michael Marder
Ilustrado por Adri Valenzuela

¿En qué piensan las plantas?

A mi querido hijo, Eli.

¡Hola! Me llamo Michael. Soy filósofo, lo que significa que me gusta pensar sobre el propio pensamiento. No dejo de preguntarme: ¿en qué consiste pensar? ¿Qué hace? ¿Cómo lo hacemos? ¿Cómo pensar mejor?

¿Suena aburrido?

Pues, mira… No solo pensamos con la cabeza, sino también con todo el cuerpo y con nuestros sentidos. Ver, oler, tocar, saborear y oír también es pensar. Y no solo los seres humanos son los que piensan. Todos los seres vivos también lo hacen: los animales, las plantas, los hongos e incluso las bacterias. De hecho, he pensado tanto y durante tanto tiempo en la forma de pensar de las plantas que la gente me ha nombrado «el filósofo de las plantas».

Sé que las plantas te fascinan. No te cansas de examinar sus hojas multiformes y sus flores de colores brillantes, de trepar por los troncos y las ramas de los árboles, de jugar con las piñas y los trozos de corteza que atesoras, de revolcarte sobre la hierba, de tocar el musgo suave. Pero, a veces, empiezas a dudar: ¿están realmente vivas?

Parece que este roble no se mueve, no dice nada, no agita sus ramas de felicidad cuando te ve. A finales de otoño y en invierno, no tiene ni hojas ni bellotas. Durante esas estaciones del año, sus ramas se extienden hacia el cielo bajo y gris como las garras inmóviles de un enorme monstruo que acecha casi totalmente bajo la tierra. ¿No preferirías un perro o un gato como mascotas a un roble o una orquídea?

Espera un momento con tu respuesta. Escucha lo que me han dicho las plantas mismas.

(¡Sí, has oído bien! Pueden hablar, si tan solo las escuchas y observas con mucha atención).

Una tarde de primavera, caminaba por un sende-
ro del bosque. Alrededor crecían pinos, mezclados con algunos
alcornoques y acebuches, arbustos de acacia y mirtos, ranúncu-
los, ortigas y lirios esparcidos sobre una alfombra verde de trébol.
Poco a poco iba oscureciendo y yo ya no sabía adónde iba. Pero
todo aquello no me daba miedo. El pinar no era muy espeso. El
sendero, cubierto de guijarros blancos, reflejaba la abundante luz
de luna. Y el inconfundible zumbido de una carretera cercana no
permitía que nadie se perdiera.

Rodeado de vegetación, seguí caminando, cuando de repente oí
una voz muy grave, que cantaba una melodía pegadiza. En re-
alidad, no podía decir cuál era la letra de la melodía, ni en qué
idioma se cantaba. Lo que me sorprendió fue que seguía sin ver
a nadie cerca, es decir, a ningún ser humano. A medida que me
acercaba a un pino especialmente viejo, que crecía al borde del
sendero, el canto se hizo más fuerte. Tanto que me convencí de
que había alguien escondido detrás del árbol. Comprobé que no
había nadie. Entonces, la voz dijo, todavía cantando:

—¿Buscas a alguien?

—Sí.

—¿No cuento yo como ese alguien?

—Ahora que lo dices, sí, eres alguien.

—Vosotros, los humanos, siempre vais con prisa a alguna parte. Porque ya es casi de noche, supongo que estabas deseando volver a casa.

—Tienes razón.

—En vuestra prisa, que llamáis vida, pensáis que nosotras, las plantas, no vamos a ninguna parte. Pero, a diferencia de ti, yo puedo llegar a otros lugares sin moverme del sitio donde estoy.

—¿Es posible tal cosa? ¿Eres mago? ¿Es por eso que puedes estar en más de un lugar al mismo tiempo?

—Si tienes un poco de tiempo, te contaré un secreto. Primero, dime: ¿qué harás cuando quieras beber agua de la botella que acabas de poner en el suelo, mientras te sientas y te acomodas sobre mis raíces?

—Estiraré la mano, cogeré la botella y beberé de ella.

—Y yo haré más o menos lo mismo.

—¿Qué? ¿Vas a coger mi botella y beber?

—No, estiraré y estiraré y estiraré mis raíces despacio hasta que lleguen a una bolsa de agua bajo tierra. Cuando llegue allí, beberé, también con mis raíces. Ya ves, ellas son mis brazos y bocas. Eso es lo que pasa cuando tengo sed. Si tengo hambre, me alimentaré del sol. Estiraré y estiraré y estiraré mis ramas hacia arriba. Crecerán en ellas mis agujas y me nutriré de la energía del sol. Mis hojas, las agujas, son mis otras bocas, e intestinos y pulmones...

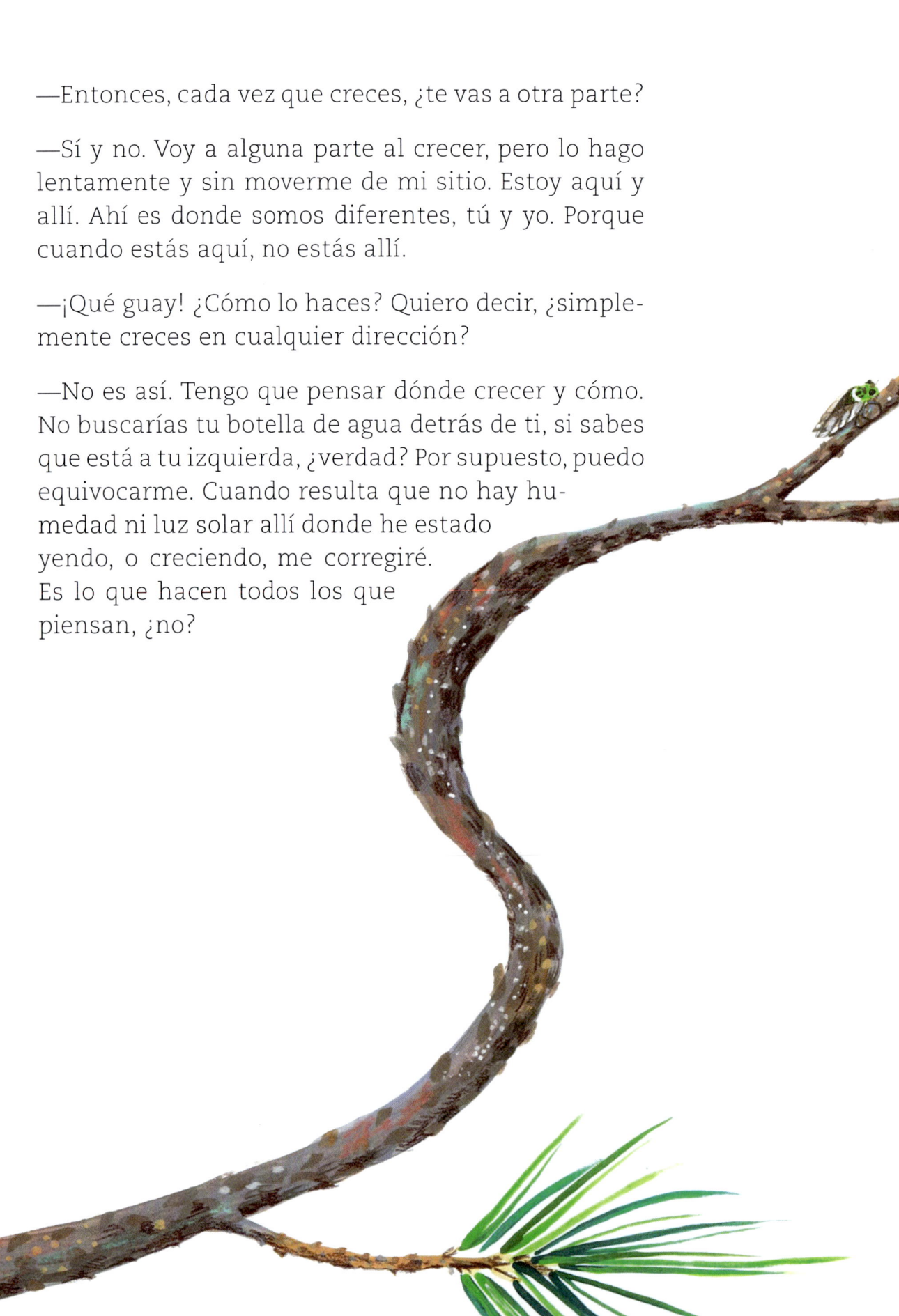

—Entonces, cada vez que creces, ¿te vas a otra parte?

—Sí y no. Voy a alguna parte al crecer, pero lo hago lentamente y sin moverme de mi sitio. Estoy aquí y allí. Ahí es donde somos diferentes, tú y yo. Porque cuando estás aquí, no estás allí.

—¡Qué guay! ¿Cómo lo haces? Quiero decir, ¿simplemente creces en cualquier dirección?

—No es así. Tengo que pensar dónde crecer y cómo. No buscarías tu botella de agua detrás de ti, si sabes que está a tu izquierda, ¿verdad? Por supuesto, puedo equivocarme. Cuando resulta que no hay humedad ni luz solar allí donde he estado yendo, o creciendo, me corregiré. Es lo que hacen todos los que piensan, ¿no?

—Seguro. Pero ¿cómo lo sabes?

—Si juzgas por la dureza de mi corteza, puedes considerar que el resto de mí es insensible, más parecido a una piedra que, digamos, a una ardilla. Puede que te sorprenda que las puntas de mis raíces sean como las puntas de tus dedos: toco el suelo con ellas, buscando rocas a evitar o agua y minerales deliciosos a engullir. Lo mismo con mis agujas...

—OK, ya lo veo. También tengo curiosidad por esto: ¿sabes quién vive a tu lado? ¿Son amigos?

—Pregúntaselo tú mismo.

—¿Preguntarle a quién?

—A Liria.

A continuación, oí una voz muy agradable, no tan grave como la primera. Cantaba en lo que los expertos en música reconocerían como una soprano:

—Pincus se refería a mí, Liria. Estaba tan concentrado en vuestra conversación que olvidó presentarse. Pero me pre-

sentó a mí. Debo confesar: yo estaba escuchando a escondidas. No pude evitarlo; soy tan curiosa con todo lo que pasa…

Un lirio azul pálido florecía a un par de pasos del tronco del pino. Su flor parecía especialmente misteriosa a la luz de la luna.

—¿Conoces bien a Pincus? —pregunté a Liria.

—¡Claro que sí! Todos los días nos saludamos en silencio.

—¿Quieres decir que os saludáis con vuestras hojas y agujas revoloteando al viento?

—Sí, eso también. Lo que realmente quiero decir es algo menos obvio, algo que vosotros, los humanos, no veis (pero sí podéis oler). Ahora mismo estoy usando palabras diferentes, porque así es como habláis vosotros y quiero que me entendáis. Cuando Pincus y yo hablamos, exudamos mensajes, desprendiendo olores en el aire o liberando partes de nosotros mismos en el suelo. Cada exudado es como una carta o un correo electrónico que nos enviamos. Puede ser tan simple como un mensaje: «¡Hola, soy Liria y estoy aquí!» o puede ser más complejo e incluso preocupante, como: «¡Cuidado! ¡Hay bichos peligrosos por aquí y están intentando comerse mis hojas! Ay…».

—¿Así que hablas sin palabras?

—Sí, y no solo entre nosotras, las plantas. El suave y dulce aroma de mis flores os resulta agradable, y lo mismo sienten las abejas que esparcen mi polen a otros lirios. Les gusto mucho a las abejas y a los abejorros; les digo con mi ramillete de doce aromas: «¡La comida está lista!» o: «¡Aquí estás como en casa!». Es más, me comunico con una mezcla de olores, colores, la disposición de mis pétalos, la forma de mis flores. Hablo a todos los sentidos de muchos seres: de los humanos, de los insectos, también de mis compañeras plantas.

—¡Son cosas muy complejas y fascinantes! Quiero saberlo todo. Si no me equivoco, cuando Pincus y yo charlábamos, mi pregunta era sobre los vecinos...

—Dímelo a mí. Imagina que vives en un barrio del que no puedes salir. Ni tampoco ninguno de tus vecinos. ¡Ufff! Tendrías que aprender a vivir juntos pase lo que pase, a ayudaros mutuamente. ¿No te gustaría saber todo lo posible sobre esos vecinos permanentes? Llámame cotilla, pero yo sí. A través de sus mensajes de saludo, soy capaz de reconocer a otros lirios, mis parientes. Y también puedo reconocer a los que no son mis parientes: amigos, como Pincus y Ben el abejorro, o los malos, como la oruga barrenadora del lirio, cuyo nombre nunca recuerdo. Hace agujeros en mis hojas y mastica y hace túneles hasta mis raíces.

—Entonces, una vez que sabes quién está en tu vecindario, ¿tienes una idea de cómo actuar?

—Por supuesto. Y, también, si puedo sentirme bien en el lugar donde estoy. Me siento muy bien cerca de Pincus, porque él me protege: sus agujas mantienen caliente el suelo sobre mis raíces, incluso cuando las heladas nocturnas me pican, y me da mucha sombra seca, en la que puedo ser la versión más sana y hermosa de mí misma.

—¡Nosotros también somos hermosos! —cantó un coro de voces chirriantes y agudas.

Al principio, no sabía de dónde procedían los sonidos. Parecían sonar por todas partes, sobre todo por abajo, muy cerca de la tierra. Bajé el oído al suelo y, ya sin sorpresa, me di cuenta de que era el coro de los tréboles. Estaban preparados para la noche, con sus foliolos que crecen de tres en tres ya casi cerrados. Y, sin embargo, sentían demasiada curiosidad por la conversación, a la que seguían con muchísima atención, como para poder dormirse.

—¡Pero, chiquititas, claro que sois hermosas!

—Y, además, no solo los árboles y las grandes flores y otras plantas impresionantes tienen nombre; nosotros también lo tenemos.

—Entonces, ¿cómo os llamáis?

—Sašas.

—¿Sašas? Suena como un bonito palíndromo, una palabra que es la misma si la lees de derecha a izquierda o de izquierda a derecha. Debo admitirlo: conozco el nombre «Sasha», no Sašas.

—Bueno, nuestro nombre se basa en Sasha, pero siempre en plural, siempre muchos, aunque nuestro nombre sea uno. Uno y muchos al mismo tiempo: muchos y uno. Nosotros somos yo: yo soy nosotros... ¡Nosotros!

—Ya entiendo. O, espera... ¿Lo entiendo? ¿Qué quieres decir con ser uno y muchos?

—Cada uno de nosotros parece ser una pequeña planta separada, ¿verdad? Pero tanto por encima de la tierra como por debajo, en nuestras raíces, somos una comunidad muy unida. I-N-S-E-P-A-R-A-B-L-E-S. Y eso no es todo. No somos solo plantas.

—Ahora sí que estoy confundido. ¿No solo plantas?

—No. Nuestras raíces crecen en simbiosis con pequeños hongos. Hay simbiosis cuando haces amigos para toda la vida, y estás tan cerca de tus amigos que no podéis estar el uno sin el otro, ni siquiera por un momento. Nosotros no podemos vivir sin los hongos y ellos no pueden sobrevivir sin nosotros. Ayudan a nuestras raíces a crecer y a buscar comida en el suelo, y nosotros los alimentamos.

—Creo que lo entiendo. Cuando dices «nosotros», te refieres a todos ustedes juntos, más los hongos.

—Correcto. Además, ¡cada uno de nosotros es este «nosotros»! No nos juzgues por nuestro tamaño: solo porque seamos pequeños, no somos tontos. Desde aquí abajo, tenemos una buena vista de todo lo que pasa arriba. Sentimos las conexiones más diminutas. Nos encantan los suelos arenosos en los que prosperan Pincus y los suyos. Nuestras raíces y el rizoma de Liria (que es una raíz especial parecida a un bulbo) se dan muy bien estando cerca. Así que «nosotros» siempre somos más de lo que imaginas: todos los que vivimos en este lugar. Un ecosistema.

—OK. Dices que tienes «una vista bastante buena de todo». ¿Puedes ver? ¿Dónde están tus ojos?

—¡Déjame a mí! —dijo Pincus, que había querido expresar su opinión varias veces en el transcurso de la conversación y se estaba impacientando de verdad—. Vosotros, los humanos, percibís el mundo con cinco sentidos: la vista, el oído, el olfato, el gusto y el tacto —continuó—. Estáis convencidos de que eso es todo, de que no hay más sentidos y de que siempre están ligados a los mismos órganos sensoriales: veis solo con los ojos, oís con los oídos, etcétera. Pero, aunque nosotras, las plantas, no tenemos ojos, podemos ver mucho más que vosotros, y aunque no tenemos oídos, podemos escuchar muchísimas cosas. Ya sé lo que preguntaréis a continuación: «¿Cómo es posible?». Empecemos por el oído. Es cierto: no tenemos orejas, pero somos todo oídos, porque podemos captar las más leves vibraciones a nuestro alrededor. Nuestras raíces, hojas y flores son muy sensibles a las ondas sonoras que viajan por el aire y por el suelo: un topo que excava un túnel cerca de nuestras raíces, el zumbido de una abeja, el estruendo lejano de un terremoto, el piar de un pájaro en una rama...

—Siento interrumpirte, Pincus. Lo que dices es maravilloso, pero sigo preguntándome: ¿qué es exactamente lo que oyes? ¿Solo ruido? ¿Realmente puedes decir que el zumbido es de una abeja (y qué tipo de abeja podría ser) y que los estruendos son causados por un terremoto?

—¿Puedes?, ¿puedes?... ¡Dame un respiro! ¡Por favor! Bueno, no debería irritarme tanto, Michael. Resulta frustrante sentir que la gente está convencida de que no servimos para nada, de que somos incapaces de hacer nada, excepto estar ahí. Pero tú estás intentando comprendernos, así que yo debería tener más paciencia contigo de la que tengo. En resumen: sí, podemos. Hemos aprendido que estas vibraciones significan que viene el que recogerá nuestro polen y que aquellas significan la presencia del que puede escarbar bajo mi corteza. Como ves, no los etiquetamos como polinizadores o bichos depredadores; los conocemos por lo que hacen, y... ¡mejor que tú, con todas tus palabras y descripciones!

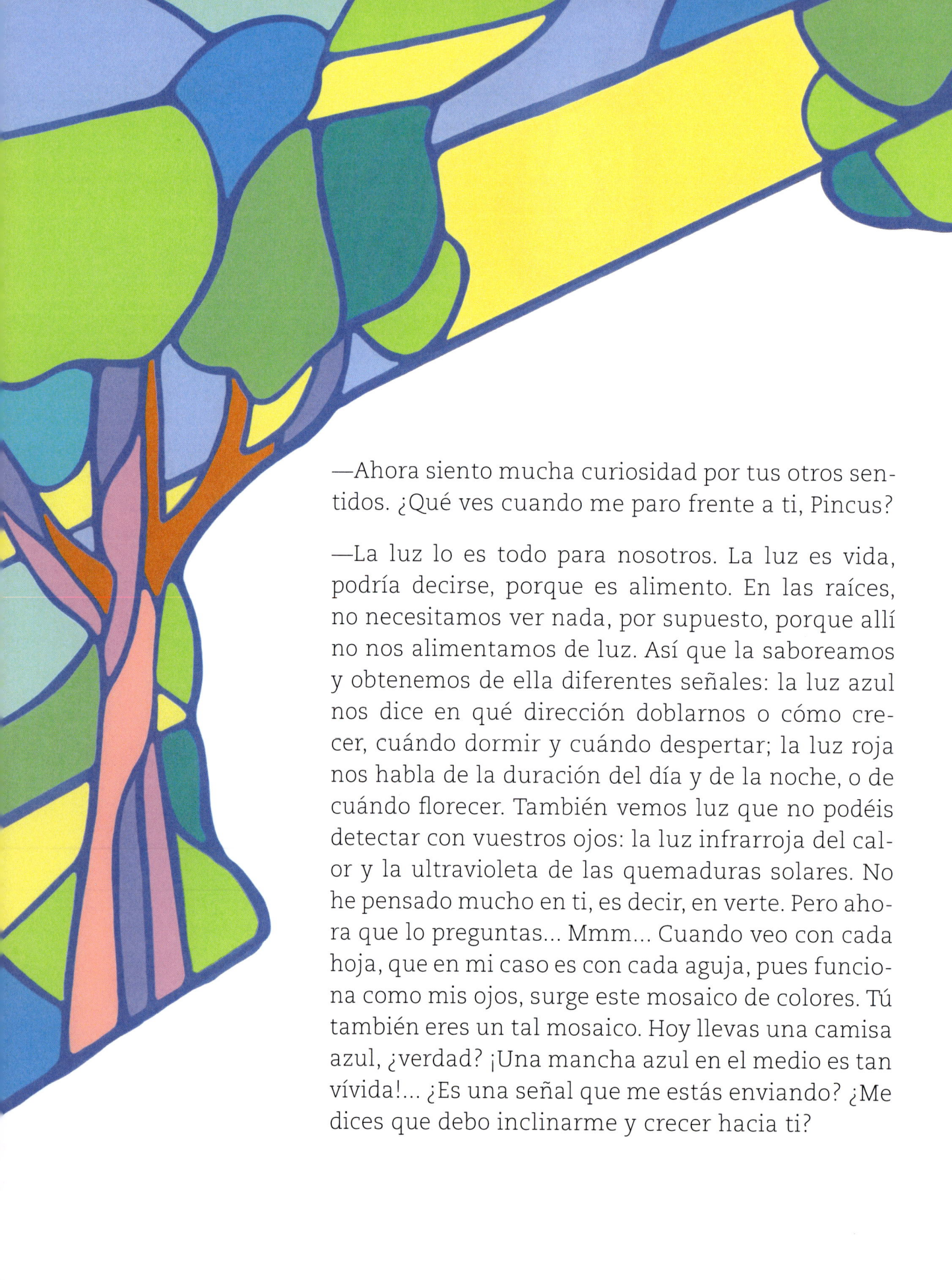

—Ahora siento mucha curiosidad por tus otros sentidos. ¿Qué ves cuando me paro frente a ti, Pincus?

—La luz lo es todo para nosotros. La luz es vida, podría decirse, porque es alimento. En las raíces, no necesitamos ver nada, por supuesto, porque allí no nos alimentamos de luz. Así que la saboreamos y obtenemos de ella diferentes señales: la luz azul nos dice en qué dirección doblarnos o cómo crecer, cuándo dormir y cuándo despertar; la luz roja nos habla de la duración del día y de la noche, o de cuándo florecer. También vemos luz que no podéis detectar con vuestros ojos: la luz infrarroja del calor y la ultravioleta de las quemaduras solares. No he pensado mucho en ti, es decir, en verte. Pero ahora que lo preguntas... Mmm... Cuando veo con cada hoja, que en mi caso es con cada aguja, pues funciona como mis ojos, surge este mosaico de colores. Tú también eres un tal mosaico. Hoy llevas una camisa azul, ¿verdad? ¡Una mancha azul en el medio es tan vívida!... ¿Es una señal que me estás enviando? ¿Me dices que debo inclinarme y crecer hacia ti?

—Pero ¿qué dices, Pincus? —exclamó Liria, interviniendo de nuevo—. Haces que parezca que siempre estamos buscando algo. A veces, es verdad, pero confieso: no florezco para nada.

—Es una afirmación curiosa, Liria. ¿Podrías, por favor, ampliarla un poco?

—¿Te has quedado alguna vez perplejo ante tantas formas diferentes de hojas y formas de flores, vainas de semillas, frutos, incluso piñas, como las de Pincus?

—¡No me canso de admirarlas!

—Estas son las formas de nuestros cuerpos y nuestros pensamientos. Algunos científicos las utilizan para clasificarnos, para encajonarnos en un sistema de conocimiento. Olvidan que hemos desarrollado estos pensamientos corporales a lo largo de muchas generaciones, en una larguísima conversación con los lugares donde crecemos: con los climas, con la disponibilidad de agua y luz solar, con los bichos con los que interactuamos...

—Yo lo he sospechado todo el tiempo: os expresáis en un lenguaje corporal, con las formas de vuestros cuerpos, vuestras posiciones únicas en los lugares donde crecéis, tan hábilmente como lo hacéis con vuestros olores y otros exudados.

—¡Exactamente! Eso es lo que quiero decir con «florecer para nada». La floración no es solo una herramienta para mi reproducción en la próxima generación de lirios. Es mi autoexpresión. Dice: «¡Yo soy Liria! Y no hay otra exactamente como yo».

—Mientras hablabas, Liria, me vino a la mente otra cosa. Recordé todas aquellas ocasiones en las que mi hijo y yo recogíamos hojas caídas de árboles, bellotas, piñas, vainas de semillas y cosas similares. Y me di cuenta de que no eran solo cosas o recipientes con fines de reproducción. Por el contrario, eran rastros de la expresión de las plantas, recuerdos de su pensamiento. De tu pensamiento.

—¡Por fin estás en el buen camino! —cantó un coro de voces finas, un poco burlonas, según me pareció. (Las Sašas tenían ganas de seguir compartiendo su sabiduría). Nuestra hora de dormir se acerca rápidamente. Pronto tendremos demasiado sueño para hablar. Mientras tanto, no podemos resistir contarte algo más.

—¿Qué pasa, Sašas?

—Te hemos dado una pista al decir que se acerca nuestra hora de dormir. Sabemos qué hora es, porque tenemos pequeños relojes incrustados en nuestros cuerpos. Se llaman «relojes circadianos» y nos indican si debemos estar despiertos o dormidos. Recordamos a qué hora se puso el sol ayer, anteayer y ante-anteayer. Esta memoria nos ayuda a planificar el futuro —por ejemplo, decidir cuándo florecer.

—¿Por qué necesitas decidir cuándo florecer? Me parecía que lo hacías sin pensarlo dos veces.

—No, no. Florecer es muy importante para expresarnos, como dijo Liria, pero también para esparcir nuestro polen, para reproducirnos. Si florecemos demasiado pronto en la temporada, nuestras flores se congelarán y morirán. Si lo hacemos demasiado tarde, el sol las tostará. Por lo tanto, tenemos que adivinar cuándo es el momento más apropiado.

Se quedaron en silencio. Poco después, oí miles de pequeños bostezos a mi alrededor: «BUUAAA».

Los foliolos de Sašas estaban casi completamente cerrados ahora, sus diminutos tallos cada vez más visibles.

—Deséanos buenas noches —cantaron muy despacio—. Estamos listos para dormir y saludar al nuevo día con los primeros rayos del sol de mañana.

—¡Buenas noches, Sašas! —dije—. ¡Buenas noches, Pincus y Liria! Que durmáis bien.

—¡Buenas noches, Michael! —cantaron en un coro que incluía todos los tonos de voz imaginables.

Volví al sendero iluminado por la luna y me dirigí a casa. Mientras caminaba, mis pensamientos estaban con los chiquitos Sašas, ahora dormidos profundamente, con la bella y sabia Liria, con el experto y profundo Pincus. Para ser más preciso, mis pensamientos estaban con sus pensamientos: sus formas y posiciones, sus lenguajes y expresiones, sus sentidos y recuerdos, sus movimientos, sus tiempos y sus modos de tomar decisiones.

Nuestra conversación se repetía una y otra vez en mi cabeza. Estaba tan inmerso en ella que no me di cuenta de cómo volvía a casa y me sentaba en mi escritorio para escribir los acontecimientos de la noche hasta en sus más mínimos detalles. Solo me arrepentí de una cosa: olvidé preguntar con qué sueñan las plantas cuando duermen.

· La publicación de este libro se ha beneficiado de la contribución del proyecto PID2021-126611NB-I00 Socioecos. Construyendo la sociedad sostenible: Movilización, participación y gestión de prácticas socio-ecológicas, financiado por el Ministerio de Ciencia e Innovación de España.

· La publicación de este libro se ha beneficiado de la contribución del grupo de investigación del Sistema Universitario Vasco IT1469-22 Social change, emerging forms of subjectivity and identity in contemporary societies (GAIT: Gizarte Aldaketa Ikerketa Taldea).

GAIT·CEIC

· Por fin, la publicación de este libro es posible gracias al apoyo de IGRec: Institute for Global Reconstitution, Berlin, Germany.